AF451865

Saül

ET

DAVID.

Saül

ET

DAVID.

Tragédie en cinq Actes.

—

Ouvrage imité de l'Anglais.

LONDRES,

Chez Robert Freeman, libraire
in Pater-Noster Row

—

MDCCLXI.

AVANT-PROPOS.

David roi des Juifs était l'homme selon le cœur de Dieu. *Au Psaume LI. v. 7, il assure «qu'il a été formé en iniquité et que sa mère l'a échauffé en péché» Il paraîtrait que lorsque David fût conçû, Isaï son père ne croyait pas jouir de sa femme mais de sa servante.*

Le père du Roi-Prophète aimait sa servante et après l'avoir cajolée plusieurs fois, il lui dit enfin qu'elle eut à se tenir prête à coucher cette nuit-là, avec lui. Elle, n'ayant pas moins de vertu que de beauté se plaignit à sa maîtresse, qu'Isaï ne lui donnait nul repos par ses sollicitations — Promets-lui de le contenter cette nuit-ci, lui répondit sa maîtresse, et j'irai me mettre à ta place.» La chose s'exécuta en effet, deux ou trois nuits consécutives, au grand plaisir des deux époux; ce fut ainsi que David fut enjendré.... dans l'iniquité. Son vertueux père croyant coucher avec sa servante! Voilà ce que racontent les rabins.

David était un homme d'une nature ardente,

qui lâcha à son aise la bride de la sensua-
lité; Michol, seconde fille de Saül fut la
première femme de ce roi paillard; Saül la lui
ôta par mesure de disgrâce ; pendant ce temps.
David, en épousa successivement plusieurs
autres, Dieu tolérant alors la polygamie. Il ne
se fit pas non plus scrupule de s'allier avec la
fille d'un incirconcis. et quoiqu'il eut des enfants.
de plusieurs femmes, il prit encore des
concubines à Jérusalem. Il choisissait sans.
doute les plus belles qu'il rencontrait, dans le
genre de la femme de Nabal. Abigaïl. personne
de grand mérite. belle et spirituelle que ce
roitelet, voulut aussi mettre dans son lit — Il
commit un crime énorme pour contenter son
impudicité; ayant séduit et engrossé Belzabée,
femme d'Urie l'un de ses meilleurs officiers. il
fit tuer traîtreusement celui ci. Certes. on ne
saurait dire par rapport aux voluptés de
l'amour qu'il ait eu beaucoup de soin de mécon-
tenter la nature.

Et c'est ce grand roi qui dans un transport
d'allégresse. dansa. nu comme un débauche,
devant l'Arche, en présence de ses sujets, de
ses servantes et de sa femme Michol qui se
moqua de lui!

Que dire de son fils Absalon qui le chasse hors.
de Jérusalem et couche. à la vue de tout le monde,
avec les dix concubines de son père!! Et son fils aîné
Ammon qui viole sa propre sœur, Thamar! Quelle

race infâme et bien digne d'un tel père!
Ammon est tué par son frère vengeant
l'inceste commis sur sa sœur .... Quel scandale
pour les bonnes âmes que de voir tant
d'infamies dans la famille de ce Roi, selon
le cœur de Dieu.

Nous le voyons impudique jusque dans les
bras de la mort. Lorsqu'à cause de sa vieil-
lesse, David ne pouvait plus être échauffé
par tous les habits dont on le couvrait, on
s'avisa de lui chercher une jeune fille qui
couchât avec lui. Il souffrit qu'on lui amenât
pour cet usage, la plus belle fille qu'on put
trouver; c'était Abisag. Tous ses fils dûrent
regarder cette gentille Sunamite comme le
fruit défendu; Sa virginité appartenant à
leur père, du moins il a dû s'en mettre en
possession, si ses forces le lui permirent.
La Bible n'en parle pas ouvertement, mais
elle raconte que pour avoir demandé en
mariage, la jeune beauté qui avait servi à
réchauffer son père, Adonias autre fils de
David, fut mis à mort par le sage et libi-
dineux Salomon, qui fut le très digne fils
et héritier du roi-prophète.

Peut-on dire que coucher avec la plus belle
vierge du royaume, soit l'action d'un homme
bien chaste? Un homme rempli des idées
de la pureté, et parfaitement résolu de faire
ce que l'ordre, ce que la morale demandent

de lui, consentira-t-il jamais à ces.....
remèdes? On ne peut y consentir que lorsqu'on
préfère les instincts de la nature et les
intérêts de la chair, à ceux de l'esprit de
Dieu.

Voilà une idée de ce saint homme;
entendons-le maintenant discourir et voyons-le
à l'œuvre pour être complétement édifié.

SAÜL

ET

DAVID.

TRAGÉDIE

En cinq Actes.

D'après l'Anglais, intitulé, *The man after God's own heart*. Imprimé chez Robert Freeman, in Pater-Noster-Row
1760.

A

ACTEURS.

SAÜL.
DAVID.
SAMUEL.
AGAG.
BAZA.
ADONIAS.
NATHAN Prophête.
GAD Prophête.
SALOMON.
URIE.
MICHOL.
ABIGAÏL.
BETZABÉE.
ABIAR.
JOAB.
ABIÉZER.
EBIUD Ménager.
LA PYTHONISSE.
CAPITAINES.
PRÊTRES.
MESSAGER.
SOLDATS.

SAÜL et DAVID.

TRAGÉDIE.

ACTE PREMIER.

SCENE PREMIERE.

SAÜL, BAZA.

BAZA.

O grand Saül le plus puiſſant des Rois, vous qui regnez ſur les trois lacs, dans l'eſpace de plus de cinq-cens ſtades, vous vainqueur du généreux Agag Roi d'Amalec, dont les capitaines étoient montés ſur les plus puiſſans ânes, ainſi que les cinquante fils d'Amalec, vous qu'Adonaï fait triompher à la fois de Dagon & de Béelzebul, vous qui ſans doute mettrez ſous vos loix toute la terre, (comme on nous l'a promis tant de fois,) faut-il que vous vous abandonniez à votre douleur, dans de ſi nobles triomphes & de ſi grandes eſpérances?

SAÜL.

O mon cher Baza! heureux mille fois celui qui

conduit en paix les troupeaux bêlans de Benja-
min , & qui preſſe les doux raiſins de la vallée
d'Engaddi ! Hélas ! Je cherchais les âneſſes de
mon Pere, je trouvai un Royaume, & depuis ce
jour je n'ai connu que le trouble & la douleur.
Plût au ciel que j'euſſe au contraire cherché un Royaume, & trouvé des âneſſes! J'aurais fait un meil-
leur marché.

B A Z A.

Eſt-ce le Prophête Samuel? Eſt-ce votre gendre
David, qui vous cauſe ces mortels chagrins?

S A Ü L.

L'un & l'autre. Samuel, tu le ſçais , m'oignit
malgré lui , il fit ce qu'il put pour empêcher le
peuple de choiſir un Prince, & dès que je fus élu,
il devint le plus cruel de tous mes ennemis.

B A Z A.

Vous deviez bien vous y attendre; il étoit prêtre & vous étiez guerrier; il gouvernait avant vous,
on hait toujours ſon Succeſſeur.

S A Ü L.

Eh! pouvait-il eſpérer de gouverner plus longtems?
Il avoit aſſocié à ſon pouvoir ſes indignes enfans
également corrompus & corrupteurs, qui vendoient
publiquement la juſtice. Toute la nation ſe ſoule-
va contre ce gouvernement Sacerdotal, on tira un
Roi au fort. Les dez ſacrés annoncerent la volonté du ciel, le peuple la ratifia , & Samuel fré-
mit. Ce n'eſt pas aſſez de haïr en moi le Roi, il

hait encor le Prophête; car il fçait que j'ai comme lui le nom de Voyant, que j'ai prophétifé comme lui, & que ce nouveau Proverbe répandu dans Israël, *Saül eft auffi au rang des Prophêtes*, n'offenfe que trop fes oreilles fuperbes. (1) On le refpecte encor pour mon malheur, il eft prêtre, il eft dangereux.

B a z a.

N'eft-ce pas lui qui fouleve contre vous votre gendre David?

S a ü l.

Il n'eft que trop vrai, & je tremble qu'il ne cabale pour donner ma couronne à ce rebelle.

B a z a.

Votre Alteffe Royale eft trop bien affermie par fes victoires; Et le Roi Agag votre illuftre prifonnier vous eft ici un fûr garant de la fidélité de votre peuple, également enchanté de votre victoire, & de votre clémence. Le voici qu'on amene devant votre Alteffe Royale.

SCENE II.

SAÜL, BAZA, AGAG, SOLDATS.

A g a g.

Doux & puiffant vainqueur, modele des Princes, qui fçavez vaincre & pardonner; je me jette

(1) Premier Liv. des Rois Chap. 10.

à vos facrés genoux, daignez ordonner vous-même ce que je dois donner pour ma rançon. Je ferai déformais un voifin, un allié fidele, un vaffal foumis. Je ne vois plus en vous qu'un bienfaicteur & un maître. Je vous dois la vie, je vous devrai encor la liberté; j'admirerai, j'aimerai en vous l'image du Dieu qui punit & qui pardonne.

SAÜL.

Illuftre prince, que le malheur rend encor plus grand, je n'ai fait que mon devoir en fauvant vos jours. Les Rois doivent fe refpecter dans leurs femblables. Qui fe venge après la victoire eft indigne de vaincre. Je ne mets point votre perfonne à rançon, elle eft d'un prix ineftimable; foyez libre. Les tributs que vous payerez à Ifraël feront moins des marques de foumiffion que d'amitié. C'eft ainfi que les Rois doivent traiter enfemble.

AGAG.

O vertus! ô grandeur de courage! Que vous êtes puiffant fur mon cœur! Je vivrai, je mourrai le fujet du grand Saül, & tous mes Etats font à lui.

SCENE III.

Les personnages précédens. SAMUEL,
PRÊTRES.

S A Ü L.

Samuel, quelles nouvelles nous apportez-vous ?
venez-vous de la part de Dieu, de celle du peuple, ou de la votre?

S A M U E L.

De la part de Dieu.

S A Ü L.

Qu'ordonne-t-il?

S A M U E L.

Il m'ordonne de vous dire qu'il s'est repenti de
vous avoir fait regner.

S A Ü L.

Dieu se repentir! Il n'y a que ceux qui font des
fautes qui se repentent. La sagesse éternelle ne
peut être imprudente. Dieu ne peut faire de
fautes.

S A M U E L.

Il peut se repentir d'avoir mis sur le trône ceux
qui en commettent.

S A Ü L.

Et quel homme n'en commet pas? parlez, de
quoi suis-je coupable?

SAMUEL.

D'avoir pardonné à un Roi.

AGAG.

Comment ! la plus belle des vertus feroit regardée chez vous comme un crime !

SAMUEL (à *Agag.*)

Tais-toi, ne blafphême point. — Saül, ci-devant Roi des Juifs, Dieu ne vous avoit-il pas ordonné par ma bouche, d'égorger tous les Amalécites, fans épargner ni les femmes, ni les filles, ni les enfans mêmes à la mammelle ?

AGAG.

Ton Dieu t'avoit ordonné cela ? Tu t'es trompé, tu voulais dire ton Diable.

SAMUEL (à *fes Prêtres.*)

Préparez-vous à m'obéir, & vous Saül, avez vous obéi à Dieu ?

SAÜL.

Je n'ai pas crû qu'un tel ordre fût pofitif ; j'ai penfé que la bonté étoit le premier attribut de l'Etre Suprême, qu'un cœur compatiffant ne pouvoit lui déplaire.

SAMUEL.

Vous vous êtes trompé, homme infidele, Dieu vous réprouve, votre Sceptre paffera dans d'autres mains.

BAZA (à *Saül*)

Quelle infolence ! Seigneur, permettez-moi de punir ce Prêtre barbare.

SAÜL.

S A Ü L.

Gardez-vous en bien; ne voyez-vous pas qu'il
eſt ſuivi de tout le peuple, & que nous ferions
lapidés ſi je réſiſtois, car en effet j'avais promis.

B A Z A.

Vous aviez promis une choſe abominable.

S A Ü L.

N'importe, les Juifs font plus abominables encore, ils prendroient la défenſe de Samuel contre moi.

B A Z A (à part.)

Ah! malheureux Prince! tu n'as de courage qu'à
la tête des armées!

S A Ü L.

Eh bien donc, Prêtre, que faut-il que je faſſe?

S A M U E L.

Je vais te montrer comment on obéit au Seigneur.

(aux Prêtres.)

Sacrés enfans de Lévi, déployez ici votre zêle,
qu'on apporte une table, qu'on étende ſur cette table ce Roi dont le prépuce eſt un crime devant le
Seigneur.

(Les Prêtres étendent & lient Agag ſur la table.)

A G A G.

Que voulez-vous de moi, impitoyables monſtres?

S A Ü L.

Auguſte Samuel, au nom du Seigneur!...

S A M U E L.

Ne l'invoquez pas, vous en êtes indigne; De

meurez ici, il vous l'ordonne, foyez témoin du facrifice qui peut-être expiera votre crime.

A G A G (à Samuel.)

Ainfi donc vous m'allez donner la mort? ô mort,
que vous êtes amere!

S A M U E L.

Oui, tu es gras, & ton holocaufte en fera plus
agréable au Seigneur.

A G A G.

Hélas! Saül, que je te plains d'être foumis à de
tels monftres!

S A M U E L (à Agag.)

Ecoute, tu vas mourir; veux-tu être Juif? veux-
tu te faire circoncire?

A G A G.

Et fi j'étais affez faible pour être de ta religion,
me donnerais-tu la vie?

S A M U E L.

Non, mais tu aurais la fatisfaction de mourir
Juif, & c'eft bien affez.

A G A G.

Frappez donc, bourreaux.

S A M U E L (aux Prêtres.)

Donnez-moi cette hache, au nom du Seigneur!
& tandis que je couperai un bras, coupez une
jambe, & ainfi de fuite, morceaux par morceaux (2).

---

(2) Premier Liv. des Rois Chap. 25. le texte de la
Piece Anglaife porte, *hew, him into pieces before
the lord.*

(*Ils frappent tous ensemble*)

AGAG.

O mort! ô tourmens! ô barbares!

SAUL.

Faut-il que je fois témoin d'une abomination fi
horrible?

BAZA.

Dieu vous punira de l'avoir foufferte.

SAMUEL (*aux Prêtres.*)

Emportez ce corps & cette table; qu'on brûle
les reftes de cet infidele, & que fes chairs fer-
vent à nourrir nos Serviteurs. Et vous, Prince,
apprenez à jamais qu'obéiffance vaut mieux que
facrifice.

SAÜL: (*fe jettant dans un fauteuil.*)

Je me meurs, je ne pourrai furvivre à tant d'horreur & à tant de honte.

SCENE IV.

Les *Perfonnages précédens*, UN MESSAGER.

LE MESSAGER.

Seigneur, penfez à votre fureté. David approche en armes, il eft fuivi de cinq cens brigands
qu'il a ramaffés, vous n'avez ici qu'une faible
garde.

BAZA.

Eh bien, Seigneur, vous le voyez, David &

Samuel étoient d'intelligence. Vous êtes trahi de tous côtés Mais je vous ferai fidele jufqu'à la mort, quel parti prenez-vous?

S A Ü L.

Celui de combattre & de mourir.

Fin du premier Afte.

ACTE SECOND.

S C E N E I.

D A V I D, M I C H O L.

M I C H O L.

Impitoyable époux, prétends-tu attenter à la vie de mon pere, de ton bienfaiêteur? De celui qui t'ayant pris d'abord pour fon joueur de harpe (3) te fit bientôt après fon écuyer, & qui enfin t'a mis dans mes bras?

D A V I D.

Il eft vrai, ma chere Michol, que je lui dois le bonheur de pofféder vos charmes; il m'en a couté

(3) L'Anglais dit *harper.*

affez cher, il me fallut apporter à votre pere deux cens prépuces de Philiftins pour préfent de noces (4). Deux cens prépuces ne fe trouvent pas fi aifément. Je fus obligé de tuer deux cens hommes pour venir à bout de cette entreprife, & je n'avais pas la machoire d'âne de Samfon. Mais eût-il fallu combattre toutes les forces de Babylone & de l'Egypte, je l'aurais fait pour vous mériter. Je vous adorais & je vous adore.

M I C H O L.

Et pour preuve de ton amour, tu en veux aux jours de mon pere!

D A V I D.

Dieu m'en préferve! je ne veux que lui fuccéder. Vous fcavez que j'ai refpecté fa vie, & que lorfque je le rencontrai dans une caverne, je ne lui coupai que le bout de fon manteau. La vie du pere de ma chere Michol me fera toujours précieufe.

M I C H O L.

Pourquoi donc te joindre à fes ennemis? pourquoi te fouiller du crime horrible de rebellion, & te rendre par là même fi indigne du trône où tu afpires? Pourquoi d'un côté te joindre à Samuel notre ennemi domeftique, & de l'autre côté au Roi de Geth Achis, notre ennemi déclaré?

____

(4) Premier des Rois Chap. 18.

B 3

DAVID.

Ma noble épouse, ne me condamnez pas sans m'entendre. Vous fçavez qu'un jour dans le village de Betléem Samuel répandit de l'huile fur ma tête, ainfi je fuis Roi, & vous êtes la femme d'un Roi (5). Si je me fuis joint aux ennemis de la nation, fi j'ai fait du mal à mes concitoyens, j'en ai fait davantage à ces ennemis mêmes. Il eft vrai que j'ai engagé ma foi au Roi de Geth, le généreux Achis (6). J'ai raffemblé cinq cens malfaiéteurs, perdus de dettes & de débauches, mais tous bons Soldats; Achis nous a reçus, nous a comblés de bienfaits, il m'a traité comme fon fils, il a eu en moi une entiere confiance, mais je n'ai jamais oublié que je fuis Juif, & ayant des commiffions du Roi Achis pour aller ravager vos terres, j'ai très-fouvent ravagé les fiennes. J'allais dans fes villages les plus éloignés, je tuais tout fans miféricorde, je ne pardonnais ni au fexe ni à l'age, afin d'être pur devant le Seigneur, & afin qu'il ne fe trouvât perfonne qui pût me déceler auprès du Roi Achis. (7) Je lui amenais les bœufs, les ânes, les moutons, les chèvres des innocens agriculteurs que j'avais égorgés, & je lui difais par un falutaire menfonge, que c'étoient les bœufs, les ânes, les moutons & les chèvres des Juifs. Quand je trou-

(5) Premier des Rois Chap. 16.
(6) Premier des Rois Chap. 22.
(7) Premier des Rois Chap. 27.

vais quelque réfiſtance, je faifois fcier en deux par le milieu du corps ces infolens rebelles, ou je les écrafais fous les dents de leurs herſes, ou je les faifois rôtir dans des fours à brique (8). Voyez ſi c'eſt aimer ſa patrie, ſi c'eſt être bon Iſraëlite?

M I C H O L.

Ainſi, cruel, tu as donc également répandu le ſang de tes freres & de tes alliés, tu as trahi éga‑lement tes deux bienfaicteurs! rien ne t'eſt facré, tu trahiras ainſi ta chere Michol, qui brûle pour toi d'un ſi malheureux amour.

D A V I D.

Non, je jure par la verge d'Aaron, par la raci‑ne de Jeſſé, que je vous ſerai toujours fidele.

S C E N E I I.

DAVID, MICHOL, ABIGAÏL.

A B I G A Ï L (en embraſſant David.)

Mon cher, mon tendre époux, maître de mon cœur & de ma vie, venez, ſortez avec moi de ces lieux dangereux, Saül arme contre vous & Achis vous attend.

M I C H O L.

Qu'entends-je! ſon époux! quoi! monſtre de

____

(8) 2d. des Rois Chap. 12. L'Auteur Anglais con‑fond ici les Ammonites avec les habitans de Geth.

perfidie, vous me jurez un amour éternel, & vous avez pris une autre femme? Quelle est donc cette insolente rivale?

DAVID.

Je suis confondu.

ABIGAÏL.

Auguste & aimable fille d'un grand Roi, ne vous mettez pas en colere contre votre Servante! Un héros tel que David a besoin de plusieurs femmes; Et moi je suis une jeune veuve qui ai besoin d'un mari. Vous êtes obligée d'être toujours auprès du Roi votre pere, il faut que David ait une compagne dans ses voyages & dans ses travaux. Ne m'enviez pas cet honneur; je vous ferai toujours soumise.

MICHOL.

Elle est civile & accorte, du moins; elle n'est pas comme ces concubines impertinentes qui vont toujours bravant la maîtresse de la maison. Monstre, où as-tu fait cette acquisition?

DAVID.

Puisqu'il faut vous dire la vérité, ma chere Michol, j'étais à la tête de mes brigands, & usant du droit de la guerre, j'ordonnai à Nabal, mari d'Abigaïl, de m'apporter tout ce qu'il avoit (9). Nabal étant un brutal qui ne sçavoit pas les usages du monde, me refusa insolemment. Abigaïl est

____

(9) Premier Liv. des Rois Chap. 25.

née douce, honnête & tendre, elle vola tout ce qu'elle put à son mari pour me l'apporter : au bout de huit jours le brutal mourut.... (10)

M I C H O L.

Je m'en doutais bien.

D A V I D.

Et j'époufai la veuve.

M I C H O L.

Ainfi Abigaïl eft mon égale. ça, dis-moi en confcience , brigand trop cher , combien as-tu de femmes ?

D A V I D.

Je n'en ai que dix-huit en vous comptant, ce n'eft pas trop pour un brave homme.

M I C H O L.

Dix-huit femmes ! fcélérat ! & que fais-tu de tout cela ?

D A V I D.

Je leur donne ce que je peux de tout ce que j'ai pillé.

M I C H O L.

Les voilà bien entretenues ! Tu es comme les oifeaux de proye, qui apportent à leurs femelles des colombes à dévorer (11). Encor n'ont-ils qu'une compagne , & il en faut dix-huit au fils de Jeffé.

(10) Il y a dans l'Anglais *my Nabal a blunt rich farmer.*

(11) Dans l'Anglais *Like kits.*

DAVID.

Vous ne vous appercevrez jamais, ma chere Michol, que vous ayez des compagnes.

MICHOL.

Va, tu me promets plus que tu ne peux tenir;
Ecoute, puisque tu en as dix-huit, je te pardonne;
fi je n'avois qu'une rivale je ferais plus difficile.
Cependant tu me le payeras.

ABIGAÏL.

Augufte Reine, fi toutes les autres penfent comme moi, vous aurez dix-fept efclaves de plus auprès de vous.

SCENE III.

DAVID, MICHOL, ABIGAÏL, ABIAR.

ABIAR.

Mon maître, que faites-vous ici entre deux
femmes? Saül avance de l'occident, Achis de l'o
rient. De quel côté voulez vous marcher?

DAVID.

Du côté d'Achis, fans balancer.

MICHOL.

Quoi! malheureux! contre ton Roi, contre mon
Pere?

DAVID.

Il le faut bien. Il y a plus à gagner avec Achis,

qu'avec Saül. Confolez-vous, Michol ; Adieu,
Abigaïl.

ABIGAÏL.

Non, je ne te quitte pas.

DAVID.

Reftez, vous dis-je, ceci n'eft pas une affaire
de femme, chaque chofe a fon tems. Je vais combattre, priez Dieu pour moi.

SCENE IV.

MICHOL, ABIGAÏL.

ABIGAÏL.

Protégez-moi, noble fille de Saül ; je crois une
telle action digne de votre grand cœur. David a
encor époufé une nouvelle femme ce matin. Réu-
niffons-nous toutes deux contre nos rivales.

MICHOL.

Quoi ! ce matin même ! l'impudent ! & comment
fe nomme-t-elle ?

ABIGAÏL.

AKINOAM. C'eft une des plus dévergondées
Coquines qui foient dans toute la race de Jacob.

MICHOL.

C'eft une vilaine race que cette race de Jacob,
je fuis fâchée d'en être. Mais par Dieu ! puisque
mon mari nous traite fi indignement, je le trai-

terai de même, je vais de ce pas en époufer un autre.

ABIGAÏL.

Allez, allez, Madame, je vous promets bien d'en faire autant, dès que je ferai mécontente de lui.

SCENE V.

MICHOL, ABÏGAIL, *le Meſſager* EBIUD.

EBIUD-

Ah! Princeſſe, votre Jonathas, ſçavez-vous?...

MICHOL.

Quoi donc, mon Frere Jonathas?...

EBIUD.

Eſt condamné à mort, dévoué au Seigneur, à l'anathême.

ABIGAÏL.

Jonathas qui aimait tant notre mari?

MICHOL.

Il n'eſt plus! On lui a arraché la vie?

EBIUD.

Non, Madame, il eſt en parfaite ſanté. Le Roi votre pere en marchant au point du jour contre Achis, a rencontré un petit corps de Philiſtins, & comme nous étions dix contre un, nous avons donné deſſus avec courage. Saül pour augmenter

les forces du Soldat qui étoit à jeun, a ordonné
que perfonne ne mangeât de la journée, & a juré
qu'il immolerait au Seigneur le premier qui déjeu-
neroit. Jonathas qui ignoroit cet ordre prudent, a
trouvé un rayon de miel, & en a avalé la largeur
de mon pouce. Saül, comme de raifon, l'a condamné à mourir (12), il fçavoit ce qu'il en coute
de manquer à fa parole. L'avanture d'Agag l'ef-
frayoit, il craignoit Samuel; Enfin Jonathas alloit
être offert en victime; toute l'armée s'eft foulevée
contre ce parricide, Jonathas eft fauvé, l'armée
s'eft mife à manger & à boire; & au lieu de per-
dre Jonathas, nous avons été défaits de Samuel,
il eft mort d'apoplexie.

M I C H O L.

Tant mieux, c'étoit un vilain homme (13).

A B I G A Ï L.

Dieu foit béni!

E B I U D.

Le Roi Saül vient, fuivi de tous les fiens, je
crois qu'il va tenir confeil dans cette cheneviere,
pour fçavoir comment il s'y prendra pour attaquer
Achis & les Philiftins.

(12) Premier des Rois Chap. 14.
(13) Le texte porte *a fad dog*.

SCENE VI.

MICHOL, ABIGAÏL, SAÜL, BAZA, Capitaines.

MICHOL.

Mon Pere, me faudra-t-il trembler tous les jours pour votre vie, pour celle de mes Freres, & essuyer les infidélités de mon mari?

SAÜL.

Votre Frere & votre mari font des rebelles; comment! manger du miel un jour de bataille! il est bien heureux que l'armée ait pris son parti; mais votre mari est cent fois plus méchant que lui. Je jure que je le traiterai comme Samuel a traité Agag.

ABIGAÏL. (*à Michol.*)

Ah! Madame, comme il roule les yeux! comme il grince les dents! fuyons au plus vite, votre pere est fou, ou je me trompe.

MICHOL.

Il est quelquefois possédé du Diable (14).

SAÜL.

Ma fille, qui est cette drolesse-là.

(14) Premier des Rois Chap. 16.

MICHOL.

C'eſt une des femmes de votre gendre David, que vous avez autrefois tant aimé.

SAÜL.

Elle eſt aſſez jolie; je la prendrai pour moi au ſortir de la bataille.

ABIGAÏL.

Ah! le méchant homme! On voit bien qu'il eſt réprouvé.

MICHOL.

Mon Pere, je vois que votre mal vous prend; ſi David était ici, il vous jouerait de la harpe, car vous ſçavez que la harpe eſt un ſpécifique contre les vapeurs hypocondriaques.

SAÜL.

Taiſez-vous, vous êtes une ſotte; je ſçais mieux que vous ce que j'ai à faire.

ABIGAÏL.

Ah! Madame, comme il eſt méchant! il eſt plus fou que jamais; retirons-nous au plus vite.

MICHOL.

C'eſt cette malheureuſe boucherie d'Agag qui lui a donné des vapeurs, dérobons-nous à ſa furie.

SCENE VII.

SAÜL, BAZA.

SAÜL.

Mes capitaines, allez m'attendre. Baza, demeurez, vous me voyez dans un mortel embarras; j'ai mes vapeurs, il faut aller combattre, nous avons de puissans ennemis, ils sont derriere la montagne de Gelboë. Je voudrais bien sçavoir quelle sera l'issue de la bataille.

BAZA.

Eh Seigneur! il n'y a rien de plus aisé; n'êtes-vous pas Prophête tout comme un autre? n'avez-vous pas même des vapeurs qui sont un véritable avant-coureur de Prophétie?

SAÜL.

Il est vrai; mais depuis quelque temps le Seigneur ne me répond plus. Je ne sçais ce que j'ai, As-tu fait venir la Pythonisse d'Endor?

BAZA.

Oui, mon maître; mais croyez-vous que le Seigneur lui répondra plutôt qu'à vous?

SAÜL.

Oui sans doute, car elle a un esprit de Python.

BA-

B A Z A.

Un esprit de Python ! mon maître, quelle espe-
ce est-ce-là ?

S A Ü L.

Ma foi, je n'en sçais rien ; mais on dit que c'est
une femme fort habile. J'aurois envie de consul-
ter l'ombre de Samuel.

B A Z A.

Vous feriez bien mieux de vous mettre à la tête de vos troupes ; comment consulte-t-on une
ombre ?

S A Ü L.

La Pythonisse les fait sortir de la terre, & on
voit à leur mine si l'on sera heureux, ou malheureux.

B A Z A.

Il a perdu l'esprit. — Seigneur, au nom de
Dieu ne vous amusez point à toutes ces sottises,
& allons mettre vos troupes en bataille.

S A Ü L.

Reste ici ; il faut absolument que nous voyons
une ombre. Voilà la Pythonisse qui arrive. Gar-
de-toi de me faire reconnaître, elle me prend
pour un capitaine de mon armée.

C

SCENE VIII.

SAÜL, BAZA, *la* PYTHONISSE *arrivant un balay entre les jambes.*

La PYTHONISSE.

Quel mortel veut arracher les fecrets du deftin à l'abîme qui les couvre? qui de vous deux s'adreffe à moi pour connaître l'avenir.

BAZA en montrant SAÜL.

C'eft mon capitaine. Ne devrais-tu pas le fça-voir puisque tu es forciere?

La PYTHONISSE (*à Saül.*)

C'eft donc pour vous que je forcerai la nature à interrompre le cours de fes loix éternelles? Combien me donnerez-vous?

SAÜL.

Un écu, & te voilà payée d'avance, vieille for-ciere (15).

La PYTHONISSE.

Vous en aurez pour votre argent. Les magi-ciens de Pharaon n'étaient auprès de moi que des ignorans. Ils fe bornaient à changer en fang les eaux du Nil, je vais en faire davantage. Premie-rement je commande au foleil de paraître.

(15) Old witch.

BAZA.

En plein midi, quel miracle!

La PYTHONISSE.

Je vois quelque chose sur la terre (16.)

SAÜL.

N'est-ce pas une ombre?

La PYTHONISSE.

Oui, une ombre.

SAÜL.

Comment est elle-faite?

La PYTHONISSE.

Comme une ombre.

SAÜL.

N'a-t-elle pas une grande barbe & un grand manteau?

La PYTHONISSE.

Oui, un grand manteau, & une grande barbe.

SAÜL.

Une barbe blanche?

La PYTHONISSE.

Blanche comme de la neige.

SAÜL.

Justement : c'est l'ombre de Samuel, elle doit avoir l'air bien méchant.

La PYTHONISSE.

Oh! on ne charge jamais de caractere : elle vous fait des yeux horribles.

(16) Premier des Rois Chap. 28.

SAÜL.

Ah! je fuis perdu.

BAZA.

Eh ! Seigneur, pouvez-vous vous amufer à ces fadaifes ? n'entendez-vous pas le fon des trompettes ? les Philiftins approchent.

SAÜL.

Allons donc, mais le cœur ne me dit rien de bon.

La PYTHONISSE.

Au moins j'ai fon argent, mais voilà un fot capitaine.

Fin du Second Acte.

ACTE TROISIEME.

SCENE I.

DAVID & *fes Capitaines.*

DAVID.

Saül a donc été tué, mes amis! fon fils Jonathas auffi ! & je fuis Roi d'une petite partie du pays très-légitimement.

J O A B.

Oui, Mylord, & votre Alteſſe Royale a très-bien fait de faire pendre celui qui vous a apporté la nouvelle de la mort de Saül, car il n'eſt jamais permis de dire qu'un Roi eſt mort (17). Cet acte de juſtice vous conciliera tous les eſprits, il fera voir qu'au fond vous aimiez votre beau-pere, & que vous êtes un bon homme.

D A V I D.

Oui, mais Saül laiſſe des enfans. Isbozeth ſon fils regne déja ſur pluſieurs tribus, comment faire?

J O A B.

Ne vous mettez pas en peine. Je connais deux coquins qui doivent aſſaſſiner Isbozeth, s'ils ne l'ont déja fait; vous les ferez pendre tous deux, & vous regnerez ſur Juda & ſur Iſraël.

D A V I D.

Fort bien, dites-moi un peu, vous autres, Saül a t-il laiſſé beaucoup d'argent? Serai-je bien riche?

A B I É Z E R.

Hélas! nous n'avons pas le ſou. Vous ſçavez qu'il y a deux ans quand Saül fut élu Roi, nous n'avions pas de quoi achetter des armes, il n'y avait que deux ſabres dans tout l'Etat, encor é-taient-ils tout rouillés. Les Philiſtins, dont nous avons preſque toujours été eſclaves, ne nous laiſ-ſaient pas dans nos chaumieres, ſeulement un mor-

(17) 2d. des Rois Chap. I.

ceau de fer pour racommoder nos charrues ; auffi nos charrues nous font fort inutiles, dans un maudit pays pierreux, hériffé de montagnes pelées, où il n'y a que quelques oliviers, avec un peu de raifins (18). Nous n'avions pris au Roi Agag que des bœufs, des chèvres & des moutons, parce que c'était-là tout ce qu'il avait. Je ne crois pas que nous puiffions trouver dix écus dans toute la Judée. Il y a quelques ufuriers qui rognent des efpeces à Tyr & à Damas; mais ils fe feraient empaler plutôt que de vous prêter un denier.

D A V I D.

S'eft-on emparé du petit village de Salem, & de fon château?

J O A B.

Oui, Mylord.

A B I É Z E R.

J'en fuis fâché, cette violence peut décrier notre nouveau gouvernement. Salem appartient de tout temps aux Jébuféens avec qui nous ne fommes point en guerre : c'eft un lieu faint; car Melchifédec étoit autrefois Roi de ce village.

D A V I D.

Il n'y a point de Melchifédec qui tienne. J'en ferai une bonne fortereffe; je l'appellerai Hérufchalaim; ce fera le lieu de ma réfidence, nos enfans

____

(18) Premier Liv. des Rois Chap. 13.

feront multipliés comme le fable de la mer ; &
nous regnerons fur le monde entier.

J O A B.

Eh! Seigneur, vous n'y penfez pas, cet endroit
eſt une eſpece de défert, où il n'y a que des cail-
loux à deux lieues à la ronde : on y manque d'eau,
il n'y a qu'un petit malheureux torrent de Cédron
qui eſt à fec fix mois de l'année : que n'allons-nous
plutôt fur les grands chemins vers Tyr, vers Damas, vers Babylone ? il y aurait-là de beaux coups
à faire.

D A V I D.

Oui, mais tous les peuples de ces pays-là font
puiſſans, nous risquerions de nous faire pendre.
Enfin le Seigneur m'a donné Hérufchalaim, j'y
demeurerai, & j'y louerai le Seigneur.

U N M E S S A G E R.

Mylord, deux de vos Serviteurs viennent d'as-
faffiner Isbozeth qui avait l'infolence de vouloir
fuccéder à fon pere, & de vous difputer le trône ;
on l'a jetté par les fenêtres, il nage dans fon fang.
Les tribus qui lui obéiffaient ont fait ferment de
vous obéir ; & l'on vous amene fa Sœur Michol
votre femme qui vous avait abandonné & qui ve-
nait de fe marier à Phaltiel fils de Laïs.

D A V I D.

On aurait mieux fait de la laiſſer avec lui (19) ;

______

(19) 2d. des Rois Chap. 4.

C 4

que veut-on que je faſſe de cette begueule-là? Allez, mon cher Joab, qu'on l'enferme, allez, mes
amis, allez ſaiſir tout ce que poſſédait Isbozeth,
apportez - le - moi, nous partagerons. Vous, Joab,
ne manquez pas de faire pendre ceux qui m'ont
délivré d'Isbozeth, & qui m'ont rendu le plus ſigna-
lé ſervice.   Marchez tous devant le Seigneur avec
confiance.   J'ai ici quelques petites affaires un peu
preſſées, je vous rejoindrai dans peu de temps,
pour rendre tous enſemble des actions de graces au
Dieu des armées, qui a donné la force à mon bras,
& qui a mis ſous mes piés le baſilic & le dragon.

Tous les Capitaines enſemble.

(20) Houſah, houſah, longue vie à David notre bon Roi, l'oint du Seigneur, le pere de ſon
peuple.

D A V I D (*à un des ſiens.*)
Vous, faites entrer Betzabée.

S C E N E I I.

DAVID, BETZABÉE.

D A V I D.

Ma chere Betzabée, je ne veux plus aimer que
vous, vos dents ſont comme un mouton qui ſort

(20) C'eſt le cri de joye de la populace Angloiſe : les
Hébreux crioient *alleh luh y eh*, & par contraction *y ah.*

du lavoir, votre gorge est comme une grappe de raisin, votre nez est comme la tour du mont Liban, le royaume que le Seigneur m'a donné ne vaut pas un de vos embrassemens ; Michol , Abigaïl , & toutes mes autres femmes sont dignes, tout au plus, d'être vos Servantes.

BETZABÉE.

Hélas ! Mylord, vous en disiez ce matin autant à la jeune Abigaïl.

DAVID.

Il est vrai ; elle peut me plaire quelques momens ; mais vous êtes ma maîtresse de toutes les heures ; je vous donnerai des robes, des vaches, des chèvres, des moutons, car pour de l'argent je n'en ai point encor ; mais vous en aurez quand j'en aurai volé dans mes courses sur les grands chemins, soit vers le pays des Phéniciens, soit vers Damas, soit vers Tyr. Qu'avez-vous, ma chere Betzabée ? vous pleurez !

BETZABÉE.

Hélas ! oui, Mylord.

DAVID.

Quelqu'une de mes femmes ou de mes concubines a-t-elle osé vous maltraiter ?

BETZABÉE.

Non.

DAVID.

Etes-vous fâchée de n'avoir pas les pendans d'oreille d'Abigaïl ?

C 5

BETZABÉE.

Non.

DAVID.

Avez-vous des vapeurs?

BETZABÉE.

Non.

DAVID.

Quel eſt donc votre chagrin?

BETZABÉE.

Mylord, je ſuis groſſe, mon mari Urie n'a pas couché avec moi depuis un mois, & s'il s'apper-çoit de ma groſſeſſe, je crains d'être battue.

DAVID.

Et que ne l'avez-vous fait coucher avec vous?

BETZABÉE.

Hélas! j'ai fait ce que j'y ai pû, mais il dit qu'il veut reſter toujours auprès de votre perſonne. Vous ſçavez qu'il vous eſt tendrement attaché; c'eſt un des meilleurs Officiers de votre Armée; il veille auprès de vous quand les autres dorment; il ſe met au devant de vous quand les autres lâchent le pié; s'il fait quelque bon butin, il vous l'apporte; enfin il vous préfere à moi.

DAVID.

Voilà une inſupportable chenille, rien n'eſt ſi odieux que ces gens empreſſés, qui veulent toujours rendre ſervice ſans en être priés; allez, allez, je vous déferai bientôt de cet importun. Qu'on me donne une table & des tablettes pour écrire.

B E T Z A B É E.

Mylord, pour des tables vous fçavez qu'il n'y en a point ici; mais voici mes tablettes avec un poinçon; vous pouvez écrire fur mon genou.

D A V I D.

Allons, écrivons. „ Notre amé Joab, appui „ de ma couronne, & comme moi Serviteur de „ Dieu, notre féal Urie vous rendra cette miffi- „ ve (21); marchez avec lui fitôt cette préfente „ reçue contre le corps des Philiftins, qui eft au „ bout de la vallée d'Hébron. Placez le féal Urie „ au premier rang; abandonnez-le dès qu'on aura „ tiré la premiere flèche; de façon qu'il foit tué „ par les ennemis; & s'il n'eft pas frappé par de- „ vant, ayez foin de le faire affaffiner par derrie- „ re. Le tout pour le bien de l'Etat. Ainfi Dieu „ vous foit en aide.

Votre bon Roi David.

B E T Z A B É E.

Eh, bon Dieu! vous voulez faire tuer mon pauvre mari?

D A V I D.

Ma chere enfant, ce font de ces petites févérités auxquelles on eft quelquefois obligé de fe prêter; c'eft un petit mal pour un grand bien, uniquement dans l'intention d'éviter le fcandale.

____

(21) Second Liv. des Rois Chap. 11.

BETZABÉE.

Hélas! votre Servante n'a rien à répliquer, foit fait felon votre parole.

DAVID.

Qu'on m'appelle le bon homme Urie.

BETZABÉE.

Hélas! que voulez-vous lui dire? pourrai-je foutenir fa préfence?

DAVID.

Ne vous troublez pas, ma bonne.

(URIE *entre.*)

Tenez, mon cher Urie, portez cette Lettre à mon Capitaine Joab, & méritez toujours les bonnes graces de l'Oint du Seigneur.

URIE.

J'obéis avec joye à fes commandemens. Mes piés, mon bras, ma vie font à fon fervice; je voudrais mourir pour lui prouver mon zéle.

DAVID (*en l'embraffant*)

Vous ferez exaucé, mon cher Urie.

URIE.

Adieu, ma chere Betzabée; foyez toujours auffi attachée que moi à notre maître.

BETZABÉE.

C'eft ce que je fais, mon bon mari.

DAVID (*à Betzabée.*)

Demeurez ici, ma bien-aimée, je fuis obligé d'aller donner des ordres à-peu-près femblables pour le bien du Royaume, je reviens à vous dans un moment.

B E T Z A B É E.

Non, mon cher amant, je ne vous quitte pas.

D A V I D.

Ah! je veux bien que les femmes foient maî-treffes au lit ; mais partout ailleurs je veux qu'elles obéiffent.

Fin du Troifieme Acte.

ACTE QUATRIEME.

SCENE I.

BETZABÉE, ABIGAÏL.

A B I G A Ï L.

Betzabée, Betzabée ! c'eft donc ainfi que vous m'enlevez le cœur de Monfeigneur !

B E T Z A B É E.

Vous voyez que je ne vous enleve rien, puis qu'il me quitte, & que je ne peux l'arrêter.

A B I G A Ï L

Vous ne l'arrêtez que trop, perfide, dans les filets de votre méchanceté. Tout Ifraël dit que vous êtes groffe de lui.

B E T Z A B É E.

Eh bien ! quand cela ferait, Madame, eft-ce à vous de me le reprocher ? n'en avez-vous pas fait autant ?

A B I G A Ï L.

Cela eft bien différent, Madame, j'ai l'honneur d'être fon époufe.

B E T Z A B É E.

Voilà un plaifant mariage ! on fçait que vous avez empoifonné Nabal votre mari pour époufer David, qui n'était alors que Capitaine.

A B I G A Ï L.

Point de reproches , Madame, s'il vous plaît; vous en feriez bien autant du bon homme Urie pour être Reine; mais fçachez que je vais tout lui découvrir.

B E T Z A B É E.

Je vous en défie.

A B I G A Ï L.

C'eft à dire que la chofe eft déja faite?

B E T Z A B É E.

Quoi qu'il en foit, je ferai votre Reine, & je vous apprendrai à me refpecter.

A B I G A Ï L.

Moi, vous refpecter, Madame?

B E T Z A B É E.

Oui, Madame.

ABIGAÏL.

Ah! Madame, la Judée produira du froment au
lieu de feigle, & on aura des chevaux au lieu d'â-
nes pour monture, avant que je fois réduite à cette ignominie. Il appartient bien à une femme
comme vous de faire l'impertinente avec moi!

BETZABÉE.

Si je m'en croyais; une paire de foufflets....'

ABIGAÏL.

Ne vous en avifez pas, Madame, j'ai le bras
bon, & je vous rofferais d'une maniere....

SCENE II.

DAVID, BETZABÉE, ABIGAÏL.

DAVID.

Paix là donc, paix là, êtes-vous folles vous autres? il eft bien queftion de vous quereller quand
l'horreur des horreurs eft fur ma maifon.

BETZABÉE.

Quoi donc, mon cher amant? Qu'eft-il arrivé?

ABIGAÏL.

Mon cher mari, y a-t-il quelque nouveau
malheur?

DAVID.

Voilà-t-il pas que mon fils Ammon que vous connaiſſez (22), s'eſt aviſé de violer ſa Sœur Thamar, & l'a enſuite chaſſée de ſa chambre à grands coups de pié dans le cu.

Abigaïl.

Quoi donc! n'eſt-ce que cela? Je croyais à votre air effaré qu'on vous avait volé votre argent.

David.

Ce n'eſt pas tout. Mon autre fils Abſalon, quand il a vû cette tracaſſerie, s'eſt mis à tuer mon fils Ammon; je me ſuis fâché contre mon fils Abſalon; il s'eſt révolté contre moi, m'a chaſſé de ma ville de Héruſchalaim, & me voilà ſur le pavé.

Betzabée.

Oh! ce ſont des choſes ſérieuſes cela.

Abigaïl.

La vilaine famille que la famille de David! Tu n'as donc plus rien; brigand! ton fils eſt oint à ta place!

David.

Hélas! oui; & pour preuve qu'il eſt oint (23), il a couché ſur la terraſſe du fort avec toutes mes femmes l'une après l'autre.

Abigaïl.

O ciel! que n'étais-je là! J'aurais bien mieux aimé

(22) Second Liv. des Rois Chap. 13.
(23) Second Liv. des Rois Chap. 16.

aimé coucher avec ton fils Abſalon qu'avec toi,
vilain voleur que j'abandonne à jamais (24); il a
des cheveux qui lui vont jusqu'à la ceinture, &
dont il vend des rognures pour deux cens écus par
an, au moins. Il eſt jeune, il eſt aimable, &
tu n'es qu'un barbare débauché qui te mocques de
Dieu, des hommes & des femmes; va, je renonce
déſormais à toi, & je me donne à ton fils Abſalon, ou au premier Philiſtin que je rencontrerai.

(à Betzabée, en lui faiſant la révérence.)
Adieu, Madame.

(elle ſort.)

BETZABÉE.

Votre Servante, Madame.

SCENE III.

DAVID, BETZABÉE.

DAVID.

Voilà donc cette Abigaïl que j'avais crû ſi douce. Ah! qui compte ſur une femme compte ſur
le vent. Et vous, ma chere Betzabée; m'aban-
donnerez-vous auſſi?

BETZABÉE.

Hélas! c'eſt ainſi que finiſſent tous les mariages
de cette eſpece; que voulez-vous que je devienne,
ſi votre fils Abſalon regne, & ſi Urie mon mari

(24) Second Liv. des Rois Chap. 14.

fçait que vous avez voulu l'affaffiner ? vous voilà perdu & moi auffi.

DAVID.

Ne craignez rien, Urie eft dépêché ; mon ami Joab eft expéditif.

BETZABÉE.

Quoi! mon pauvre mari eft donc affaffiné!

DAVID.

Oui, ma chere bonne.

BETZABÉE.

Hi, hi, hi, ah, oh, hi, hi, oh, ah.

DAVID.

Quoi! vous pleurez le bon homme?

BETZABÉE.

Je ne peux m'en empêcher.

DAVID.

La fotte chofe que les femmes! Elles fouhaitent la mort de leur mari, elles la demandent, & quand elles l'ont obtenue, elles fe mettent à pleurer.

BETZABÉE.

Pardonnez cette petite cérémonie.

SCENE IV.

DAVID, BETZABÉE, JOAB.

DAVID.

Eh bien, Joab, en quel état font les chofes? qu'eft devenu ce coquin d'Abfalon ?

JOAB.

Par Sabaoth, je l'ai envoyé avec Urie; je l'ai trouvé qui pendait à un arbre par les cheveux, & je l'ai bravement percé de trois dards.

DAVID.

Ah! Abſalon, mon fils Abſalon! hi, hi, oh, oh, hi, hi.

BETZABÉE.

Voila-t-il pas que vous pleurez votre fils comme j'ai pleuré mon mari? Chacun a ſa faibleſſe.

DAVID.

On ne peut dompter tout-à-fait la nature, quelque Juif qu'on ſoit. Mais cela paſſe; & le train des affaires emporte bien vite ailleurs.

SCENE V.

DAVID, BETZABÉE, JOAB, le Prophête NATHAN.

BETZABÉE.

Eh! voilà Natan le *Voyant*, Dieu me pardonne, que vient-il faire ici?

NATHAN.

Sire, écoutez & jugez. Il y avoit un riche qui poſſédait cent brebis; & il y avait un pauvre qui n'en poſſédait qu'une: le riche a pris ſa brebis, & a tué le pauvre; que faut-il faire du riche?

D A V I D.

Certainement il faut qu'il rende quatre brebis.

N A T H A N.

Sire, vous êtes le riche, Urie était le pauvre, & Betzabée eſt la brebis.

B E T Z A B É E.

Moi! brebis.

D A V I D.

Ah! j'ai péché, j'ai péché, j'ai péché.

N A T H A N.

Bon; puisque vous l'avouez, *le Seigneur a transféré votre péché* (25). C'eſt bien aſſez qu'Abſalon ait couché avec toutes vos femmes. Epouſez la belle Betzabée; un des fils que vous aurez d'Elle, regnera ſur tout Iſraël (26). Je le nommerai *aimable*; & les enfans des femmes légitimes & honnêtes feront maſſacrés.

B E T Z A B É E.

Par Adonaï! tu es un charmant prophête; vien ça que je t'embraſſe.

D A V I D.

Eh! là là doucement. Qu'on donne à boire au prophête. Réjoüiſſons-nous, nous autres. Allons, puisque tout va bien, je veux faire des chanſons gaillardes; qu'on me donne ma harpe.

(*Il ſe met à jouer de la harpe & chante.*)

Chers Hébreux par le ciel envoyés (27),

Dans le ſang vous baignerez vos piés;

(25) Second Liv. des Rois Chap. 12.
(26) Second Liv. des Rois Chap. 12. & 7.
(27) *Ut intingatur pes tuus in ſanguine, lingua canum*

Et vos chiens s'engraifferont
De ce fang qu'ils lécheront.
Ayez foin, mes chers amis,
De prendre tous les petits,
Encor à la mammelle (28);
Vous écraferez leur cervelle
Contre le mur de l'infidelle,
Et vos chiens s'engraifferont
De ce fang qu'ils lécheront.

B E T Z A B É E.

Sont-ce là vos chanfons gaillardes?

D A V I D *(en chantant & en danfant.)*

Et vos chiens s'engraifferont
De ce fang qu'ils lécheront.

B E T Z A B É E.

Finiffez donc vos airs de corps de garde, cela eft abominable, il n'y a point de fauvage qui voulût chanter de telles horreurs (29). Les bouchers des peuples des Gog & de Magog en auraient honte.

D A V I D, *toujours chantant.*

Et les chiens s'engraifferont
De ce fang qu'ils lécheront.

B E T Z A B É E.

Je m'en vas, fi vous continuez à chanter ainfi,

tuorum ex inimicis ab ipfo. Pfeaume 63. verfet 25.

(28) *Beatus qui tenebit & allidet parvulos tuos ad petram.* Pfeaume 136. verfet 12.

(29) C'eft à cette occafion que l'Auteur appelle David, *The Nero of the Hebrews.* Page 87.

& à fauter comme un yvrogne. Vous montrez
tout ce que vous portez. Fi quelles manieres!

D A V I D.

Je danferai, oui, je danferai, je ferai encor
plus méprifable (30), je danferai devant des Servantes, je montrerai tout ce que je porte, & ce me
fera gloire devant les filles.

J O A B.

A préfent que vous avez bien danfé, il faudra
mettre ordre à vos affaires.

D A V I D.

Oui, vous avez raifon, il y a temps pour tout,
retournons à Hérufchalaim.

J O A B.

Vous aurez toujours la guerre; il faut avoir
quelqu'argent en réferve, & fçavoir combien vous
avez de fujets qui puiffent marcher en campagne,
& combien il en reftera pour la culture des terres.

D A V I D.

Le confeil eft très-fenfé. Allons, Betzabée, allons, allons regner, m'amour.

Il danfe	Et les chiens s'engraifferont
& chante.	De ce ce fang qu'ils lécheront.

Fin du quatrieme Acte.

(30) Second Liv. des Rois Chap. 6.

ACTE CINQUIEME.

S C E N E I.

DAVID, *aſſis devant une table, ſes Officiers autour de lui.*

D A V I D.

Six cens quatre - vingt - quatorze Schelings & de-
mi, d'une part, & de l'autre, cent treize & un
quart, font huit cens ſept Schelings & trois quarts.

C'eſt donc tout ce qu'on a trouvé dans mon tré-
for? Par Sabaoth, il n'y a pas-là dequoi payer
une journée à mes gens?

Un Clerc de la Tréſorerie.

Mylord, le tems eſt dur.

D A V I D.

Et vous encor davantage; il me faut de l'argent,
entendez-vous?

J O A B.

Mylord, votre Alteſſe Royale eſt volée comme
tous les autres Rois. Les gens de l'échiquier, les
fourniſſeurs de l'armée pillent tout. Ils font bonne
chere à nos dépens & le Soldat meurt de faim.

D A V I D.

Je les ferai ſcier en deux. En effet aujourd'hui
nous avons fait la plus mauvaiſe chere du monde.

J O A B.

Cela n'empeche pas que ces fripons-là ne vous comptent tous les jours pour votre table, trente bœufs gras , cent moutons gras (31), autant de cerfs, de chévreuils, de bœufs fauvages , & de chapons , trente tonneaux de fleur de farine, foixante tonneaux de farine ordinaire.

D A V I D.

Arrêtez donc; vous voulez rire! il y aurait-là de quoi nourrir fix mois toute la cour du Roi d'Affyrie, & toute celle du Roi des Indes.

J O A B.

Rien n'eft pourtant plus vrai, car cela eft écrit dans vos livres.

D A V I D.

Quoi! tandis que je n'ai pas dequoi payer mon boucher!

J O A B.

C'eft qu'on vole votre Alteffe Royale, comme j'ai eu l'honneur de le lui dire.

D A V I D.

Combien crois-tu donc que je doive avoir d'ar-gent comptant?

J O A B.

Mylord, vos livres font foi que vous avez cent huit mille talens d'or (32), deux millions vingt-quatre mille talens d'argent, & dix mille drag-mes d'or. Ce qui fait jufte au plus bas prix du

(31) Second Liv. des Rois Chap. 4.
(32) Paralipomenes Chap. 29. verfets 4. & 7.

change, un milliar, trois cens vingt millions, cinquante mille livres sterlings.

D A V I D.

Tu es fou, je pense. Toute la terre ne pourrait fournir le quart de ces richesses ; comment veux-tu que j'aye amassé ce trésor dans un aussi petit pays, qui n'a jamais fait le moindre commerce?

J O A B.

Je n'en sçais rien, je ne suis pas financier.

D A V I D.

Vous ne me dites que des sottises tous tant que vous êtes. Je sçaurai mon compte avant qu'il soit peu. Et vous, Yézer, a-t-on fait le dénombrement du peuple?

Y É Z E R.

Oui, Mylord (33). Vous avez onze cens mille hommes d'Israël, & quatre cens soixante & dix mille de Juda d'enrôlés pour marcher contre vos ennemis.

D A V I D.

Comment! J'aurais quinze cens soixante & dix mille hommes sous les armes! cela est difficile dans un pays qui jusqu'à présent n'a pu nourrir trente mille ames. A ce compte, en prenant un Soldat par dix personnes, cela ferait quinze millions six cens soixante & dix mille sujets dans mon Empire! celui de Babylone n'en a pas tant.

(33) Paralipomenes Chap. 21. vs. 5.

JOAB.

C'eft - là le miracle.

DAVID.

Ah! que de balivernes! je veux fçavoir abfolument combien j'ai de fujets. On ne m'en fera pas accroire , je ne penfe pas que nous foyons trente mille.

Un Officier.

Voilà votre Chapelain ordinaire , le Révérend Docteur Gad, qui vient parler de la part du Seigneur à votre Alteffe Royale.

DAVID.

On ne peut pas prendre plus mal fon temps , mais qu'il entre.

SCENE II.

Les Perfonnages précédens , le Prophéte GAD.

DAVID.

Que me voulez-vous, Docteur Gad?

GAD.

Je viens vous dire que vous avez commis un grand péché.

DAVID.

Comment? & en quoi, s'il vous plaît?

GAD.

En faifant faire le dénombrement du peuple.

DAVID.

Que, veux-tu dire, fou que tu es? y a-t-il une

opération plus fage & plus utile, que de fçavoir le nombre de fes fujets? un berger n'eft-il pas obligé de fçavoir le compte de fes moutons?

G A D.

Tout cela eft bel & bon (34), mais Dieu vous donne à choifir de la famine, de la guerre, ou de la pefte.

D A V I D.

Prophête de malheur! Je veux au moins que tu puiffes être puni de ta belle miffion. J'aurais beau faire choix de la famine, vous autres prêtres vous faites toujours bonne chere. Si je prends la guerre, vous n'y allez point. Je choifis la pefte; j'efpere que tu l'auras, & que tu créveras comme tu le mérites.

G A D.

Dieu foit béni (35). (*il s'en va en criant la pefte, la pefte, & tout le monde crie dehors la pefte, la pefte.*

J O A B.

Je ne comprends rien à tout cela : comment! la pefte pour avoir fait fon compte!

(34) Second Liv. des Rois Chap. 24.
(35) Il y a dans l'original *Pox, pox.*

SCENE III.

Les Personnages précédens, BETZABÉE, SALOMON.

BETZABÉE.

Eh! Mylord, il faut que vous ayez le Diable au corps pour choisir la peste (36). Il est mort sur le champ soixante-dix mille personnes. Je crois que j'ai déja le charbon, je tremble pour moi & mon fils Salomon que je vous amene.

DAVID.

J'ai pis que le charbon; je suis las de tout ceci. Il faut donc que j'aye plus de pestiférés que de sujets. Ecoutez. Je deviens vieux; vous n'êtes plus belle; j'ai toujours froid aux piés; il me faudrait une fille de quinze ans pour me réchauffer.

JOAB.

Parbleu! Mylord, j'en connais une qui sera votre fait, elle s'appelle Abisag de Sunam.

DAVID.

Qu'on me l'amene, qu'on me l'amene, qu'elle m'échauffe.

BETZABÉE.

En vérité vous êtes un vilain débauché: fi, à votre âge, que voulez-vous faire d'une petite fille?

JOAB.

Mylord, la voilà qui vient, je vous la présente.

DAVID.

Vien ça, petite fille, me réchaufferas-tu bien?

(36) Second Liv. des Rois Chap. 24.

A B I S A G.

Oui-dà, Mylord, j'en ai bien réchauffé d'autres.

B E T Z A B É E.

Voilà donc comme tu m'abandonnes! tu ne m'aimes plus. Et que deviendra mon fils Salomon à qui tu avais promis ton héritage?

D A V I D.

Oh! je tiendrai ma parole ; c'eſt un petit garçon qui eſt tout‑à‑fait ſelon mon cœur. Il aime déja les femmes comme un fou. Approche, petit drôle, que je t'embraſſe. Je te fais Roi, entends-tu ?

S A L O M O N.

Mylord, j'aime bien mieux apprendre à regner ſous vous.

D A V I D.

Voilà une jolie réponſe : Je ſuis très‑content de lui. Va, tu regneras bientôt, mon enfant; car je ſens que je m'affaiblis. Les femmes ont ruiné ma ſanté; mais tu auras encor un plus beau ſérail que moi.

S A L O M O N.

J'eſpere m'en tirer à mon honneur.

B E T Z A B É E.

Que mon fils a d'eſprit! Je voudrais qu'il fût déja ſur le trône.

S C E N E I V.

ADONIAS *& les Perſonnages précédens.*

A D O N I A S.

Mon Pere, je viens me jetter à vos piés.

DAVID.

Ce garçon-là ne m'a jamais plû.

ADONIAS.

Mon pere, j'ai deux graces à vous demander. La premiere c'eft de vouloir bien me nommer votre Succeffeur, attendu que je fuis le fils d'une Princeffe, & que Salomon eft le fils d'une Bourgeoife adultere, auquel il n'eft dû par la loi qu'une penfion alimentaire tout au plus. Ne violez pas en fa faveur les loix de toutes les nations.

BETZABÉE.

Ce petit ourfin-là mériteroit bien qu'on le jettât par le fênetres.   DAVID.

Vous avez raifon. — Et quelle eft l'autre grace que tu veux, petit miférable?

ADONIAS.

Mylord, c'eft la jeune Abifag de Sunam qui ne vous fert à rien (37); je l'aime éperdûment, & je vous prie de me la donner par teftament.

DAVID.

Ce coquin-là me fera mourir de chagrin; je fens que je m'affaiblis, je n'en peux plus; réchauffe moi un peu, Abifag.

ABISAG *(lui prenant les mains.)*

J'y fais ce que je peux, mais vous êtes froid comme de la glace.

DAVID.

Je fens que je me meurs. Qu'on me mette fur un lit de repos.

(37) III. Liv. des Rois Chap. I.

S A L O M O N (*se jettant à ses piés.*)

O Roi, vivez longtemps.

B E T Z A B É E.

Puiſſe-t-il mourir tout-à-l'heure, le vilain ladre, & nous laiſſer regner en paix!

D A V I D.

Ma derniere heure approche, il faut faire mon teſtament, & pardonner en bon Juif à tous mes ennemis. Salomon, je vous fais Roi Juif. Souvenez-vous d'être clément & doux ; ne manquez pas dès que j'aurai les yeux fermés, d'aſſaſſiner mon fils Adonias, quand même il embraſſerait les cornes de l'autel (38).

S A L O M O N.

Quelle ſageſſe! quelle bonté d'ame, mon pere! je n'y manquerai pas ſur ma parole.

D A V I D.

Voyez-vous ce Joab qui m'a ſervi dans mes guerres, & à qui je dois ma couronne (39)? Je vous prie, au nom du Seigneur, de le faire aſſaſſiner auſſi, car il a mis du ſang dans ſes ſouliers.

J O A B.

Comment! monſtre, je t'étranglerai de mes mains; va, va, je ferai bien caſſer ton teſtament; & ton Salomon verra quel homme je ſuis.

S A L O M O N.

Eſt-ce tout, mon cher pere ? n'avez-vous plus perſonne à expédier?

(38) Salomon fit aſſaſſiner Adoniah ſon frere. *Voyez* L. 3. des Rois Chap. 3.
(39) Liv. 3. des Rois Chap. 2.

D A V I D.

J'ai la mémoire mauvaife, attendez (40). Il y a encor un certain Séméï, qui me dit autrefois des fottifes. Nous nous racommodâmes , je lui jurai par le Dieu vivant que je lui pardonnerais : il m'a très-bien fervi, il eft mon Confeiller - privé, vous êtes fage ; ne manquez pas de le faire tuer en traître.

S A L O M O N.

Votre volonté fera exécutée, mon cher pere.

D A V I D.

Va, tu feras le plus fage des Rois , & le Seigneur te donnera mille femmes pour récompenfe. Je meurs, que je t'embraffe encor; Adieu.

B E T Z A B É E.

Dieu merci, nous en voilà défaits.

Un Officier.

Allons vite enterrer notre bon Roi David.

Tous enfemble.

Notre bon Roi David, le modele des Princes, l'homme felon le cœur du Seigneur (41).

A B I S A G.

Que deviendrai-je moi, qui réchaufferai-je ?

S A L O M O N.

Vien ça , vien ça , tu feras plus contente de moi, que de mon bon-homme de pere.

____

(40) Liv. 3. des Rois Chap. 2.
(41) *The man after God's own heart.*

F I N.